تَذْكِرَةُ اليانَصيبِ

سيرْج د.

THE LOTTERY TICKET

MODERN STANDARD ARABIC READER – BOOK 23
BY SERJ D.

lingualism

ISBN: 978-1-949650-81-5

Written by Serj D.

Edited by Ahmed Younis and Matthew Aldrich

Arabic translation* by Ahmed Younis

Cover art by Duc-Minh Vu

Audio by Ahmed Younis

** from the original Levantine Arabic to Modern Standard Arabic*

website: www.lingualism.com

email: contact@lingualism.com

INTRODUCTION

The **Modern Standard Arabic Readers** series aims to provide learners with much-needed exposure to authentic language. The books in the series are at a similar level (B1-B2) and can be read in any order. The stories are a fun and flexible tool for building vocabulary, improving language skills, and developing overall fluency.

The main text is presented on even-numbered pages with tashkeel (diacritics) to aid in reading, while parallel English translations on odd-numbered pages are there to help you better understand new words and idioms. A second version of the text is given at the back of the book, without the distraction of tashkeel and translations, for those who are up to the challenge.

New to this edition: the English translations have been revised for improved clarity and accuracy. Each story now also includes **20 comprehension questions** with example answers to help reinforce your understanding of the text. A **sequencing exercise** is provided as well, where you'll put ten key events from the story back in their correct order. These additions make the book even more useful for self-study, classroom use, or group discussions.

Visit www.lingualism.com/audio, to stream or download the free accompanying audio.

This book is also available in Levantine Arabic at www.lingualism.com/lar.

تَذْكِرَةُ اليانَصيبِ

قالَتْ مارْلينُ: "تَوَقَّفْ يا جورْجُ! تَوَقُّفْ يا زَوْجي! أَتَوَسَّلُ إِلَيْكَ، تَوَقَّفْ عَنْ فِعْلِ هَذا." مُنْذُ عِشْرينَ عامًا وَأَنْتَ تَشْتَري تَذاكِرَ اليانَصيبِ وَلَمْ تَفُزْ حَتّى مَرَّةً واحِدَةً."

أَجابَ جورْجُ: "ما الَّذي يُزْعِجُكِ في هَذا؟ إِنَّها أَمْوالي. أُنْفِقُها كَيْفَما يَحْلو لي حَتّى وَإِنْ أَحْرَقْتُها أَوْ رَمَيْتُها في القُمامَةِ."

رَدَّتْ مارْلينُ: "يا زَوْجي، يا حَبيبي، يا قَلْبي، يا روحي! كانَ بِإِمْكانِكَ شِراءَ سَيّارَةٍ لِابْنَتِكَ ماري أَوْ شَقَّةً لِابْنِكَ يوسُفُ بِالمالِ الَّذي تُنْفِقُهُ عَلى تَذاكِرِ اليانَصيبِ."

سَأَلَها جورْجُ: "حَسَنًا، يا زَوْجَتي، هَلْ تَشْتَرينَ تَذاكِرَ اليانَصيبِ أَوْ هَلِ اشْتَرَيْتِ تَذْكِرَةَ يانَصيبٍ واحِدَةً في حَياتِكِ كُلِّها؟"

أَجابَتْ مارْلينُ: "لا، هَلْ تَعْتَقِدُ أَنّي جُنِنْتُ لِأَشْتَري قِطْعَةً مِنَ الوَرَقِ عَلَيْها سِتَّةُ أَرْقامٍ مُسْتَحيلٌ أَنْ أَكْسَبَ مِنْها لَيْرَةً واحِدَةً؟"

Marilyn said, "Stop, George! Stop, my husband! I beg you, stop doing this. For twenty years, you've been buying lottery tickets, and you haven't won even once."

George replied, "What bothers you about this? It's my money. I spend it however I like, even if I burn it or throw it in the trash."

Marilyn responded, "My husband, my love, my heart, my soul! You could have bought a car for your daughter Mary or an apartment for your son Youssef with the money you spend on lottery tickets."

George asked her, "Alright, my wife, do you buy lottery tickets? Have you ever bought a single lottery ticket in your entire life?"

Marilyn answered, "No. Do you think I'm crazy to buy a piece of paper with six numbers that I have no chance of winning even a single lira from?"

رَدَّ جورْجُ ضاحِكًا: "حَسَنًا، أَيْنَ الشَّقَّةُ أَوِ السَّيّارَةُ الَّتي اشْتَرَيْتِها مِنَ المالِ الَّذي ادَّخَرْتيهِ؟"

جورْجُ رَجُلٌ يَبْلُغُ مِنَ العُمْرِ ثَلاثَةً وَخَمْسينَ عامًا يَعيشُ مَعَ زَوْجَتِهِ مارْلينُ وَابْنَتِهِ ماري وَابْنِهِ يوسُفُ في قَرْيَةٍ لُبْنانِيَّةٍ تُسَمّى أَرْغيلَةَ.

يُحِبُّ جورْجُ شِراءَ تَذاكِرِ اليانَصيبِ، وَهُوَ مُقْتَنِعٌ بِأَنَّهُ يَوْمًا ما سَيَفوزُ بِالجائِزَةِ الكُبْرى. يُعْطي صَديقَهُ تامِرًا أَرْقامَ تَذْكِرَةِ اليانَصيبِ الخاصَّةِ بِهِ لِمَعْرِفَةِ ما إِذا كانَ قَدْ رِبِحَ أَمْ لا، لِأَنَّ تامِرًا الشَّخْصُ الوَحيدُ الَّذي يَمْتَلِكُ سَيّارَةً في القَرْيَةِ وَيَذْهَبُ بِها إِلى المَدينَةِ لِلْعَمَلِ يَوْمِيًّا.

أَرْغيلَةُ قَرْيَةٌ صَغيرَةٌ بَعيدَةٌ عَنْ ضَجيجِ العاصِمَةِ بَيْروتَ، وَبَعيدَةٌ أَيْضًا عَنْ مَدينَةِ طَرابُلُسَ وَحَرَكَةِ المُرورِ وَعَنْ مَدينَةِ صَيْدا وَأَنْوارِها.

وَهِيَ قَرْيَةٌ بِها عَدَدٌ قَليلٌ مِنَ السَّيّاراتِ والمَباني، بِلا مَطاراتٍ أَوْ قِطاراتٍ. قَرْيَةٌ عَرَفَتِ الإِنْتَرْنِتَّ مُنْذُ خَمْسِ سَنَواتٍ، وَخِدْمَةَ الهاتِفِ قَبْلَ عَشْرِ سَنَواتٍ، وَالتِّلْفازَ قَبْلَ عِشْرينَ سَنَةً.

George laughed and replied, "Well then, where is the apartment or the car you bought with the money you saved?"

George is a 53-year-old man who lives with his wife Marilyn, his daughter Mary, and his son Youssef in a Lebanese village called Arghila.

George loves buying lottery tickets and is convinced that one day he will win the grand prize. He gives his friend Tamer his lottery numbers to check whether he has won or not, because Tamer is the only person in the village who owns a car and drives to the city for work every day.

Arghila is a small village far from the noise of the capital, Beirut, as well as from the city of Tripoli with its traffic and from the city of Sidon with its lights.

It is a village with only a few cars and buildings, without airports or trains. A village that gained internet access only five years ago, phone service ten years ago, and television twenty years ago.

قَرْيَةٌ لا يوجَدُ بِها حاناتٌ أَوْ دورُ سينَما أَوْ مَطاعِمُ أَوْ فَنادِق. بِها مَنازِلُ صَغيرَةٌ وَأَشْخاصٌ بُسَطاءُ يَعيشونَ عَلى تَرْبِيَةِ الأَغْنامِ وَالدَّجاجِ وَالأَبْقارِ وَزِراعَةِ الخُضارِ وَالفَواكِهِ.

يَعيشُ أَنيسُ جارُ جورْجَ نَفْسَ الظُّروفِ الَّتي يَعيشُها. مَضى عَلى جيرَتِهِما عِشْرونَ عامًا، يَجْلِسانِ مَعَ بَعْضِهِما وَلا يُفَرِّقُهُما شَيْءٌ. يَعْمَلانِ في الزِّراعَةِ وَتَرْبِيَةِ المَواشي وَلَدَيْهِما أُسَرٌ صَغيرَةٌ، وَهَمُّهُما الوَحيدُ في هَذِهِ الحَياةِ هُوَ تَوْفيرُ المَأْكَلِ وَالمَشْرَبِ وَالمَسْكَنِ.

المُشْكِلَةُ الوَحيدَةُ هِيَ غيرَةُ أَنيسٍ مِنْ صَديقِهِ جورْجُ. فَهُوَ يُقَلِّدُ جورْجَ دائِمًا في كُلِّ ما يَفْعَلُهُ، بِاسْتِثْناءِ أَمْرٍ واحِدٍ، وَهُوَ شِراءُ تَذاكِرِ اليانَصيبِ.

في كُلِّ صَباحٍ وَظُهْرٍ وَمَساءٍ يَسْخَرُ كُلٌّ مِنْ أَنيسٍ وَمارْلينَ مِنْ شَغَفِ جورْجَ بِتَذاكِرِ اليانَصيبِ.

ذاتَ يَوْمٍ، مَرَّ طِفْلٌ صَغيرٌ في القَرْيَةِ يَبيعُ تَذاكِرَ اليانَصيبِ ، وَلِأَنَّ أَنيسَ يَغارُ مِنْ جورْجَ وَيُقَلِّدَهُ دائِمًا بِكُلِّ شَيْءٍ، نادى الصَّبِيَّ وَطَلَبَ مِنْهُ أَنْ يَأْتِيَ إِلَيْهِ بِسُرْعَةٍ.

[3:34]

A village with no bars, cinemas, restaurants, or hotels. It has small houses and simple people who live by raising sheep, chickens, and cows, and by growing vegetables and fruits.

Anis, George's neighbor, lives under the same conditions as he does. They have been neighbors for twenty years, sitting together and never separated. They work in agriculture and livestock farming, have small families, and their only concern in life is securing food, drink, and shelter.

The only problem is Anis's jealousy of his friend George. He always imitates George in everything he does, except for one thing— buying lottery tickets.

Every morning, noon, and evening, both Anis and Marilyn mock George's passion for lottery tickets.

One day, a young boy passed through the village selling lottery tickets, and because Anis was jealous of George and always imitated him in everything, he called the boy over and asked him to come quickly.

نادى أنيسٌ بِأَعْلى صَوْتِهِ: "يا فَتى، تَعالَ إِلى هُنا بِسُرْعَةٍ."

أَجابَ الصَّبِيُّ: "أَنا قادِمٌ، لَمِ العَجَلَةُ؟"

سَأَلَ أَنيسٌ الصَّبِيَّ: "ما وَضْعُ هَذِهِ التَّذاكِرِ؟"

"تَذاكِرُ اليانَصيبِ هَذِهِ رابِحَةٌ بِإِذْنِ اللَّهِ، وَغَدًا سَيَكونُ السَّحْبُ عَلى الجائِزَةِ الكُبْرى مِلْيارٌ وَنِصفُ لَيْرَةٍ لُبْنانيَّةٍ أَيْ ما يُساوي مِلْيونَ دولارٍ أَمْريكِيٍّ."

سَأَلَهُ أَنيسٌ مُسْتَغْرِبًا: "مِلْيونُ دولارٍ أَمْريكِيٍّ!! أَيْ كَمْ وَرَقَةً عَلَيْها صورَةُ بِنْجامينْ فِرانْكِلينْ؟"

أَجابَ الصَّبِيُّ: "عَشَرَةُ آلافِ وَرَقَةً عَلَيْها صورَةُ عَمِّكَ بِنْجامينْ فِرانْكِلينْ، أَوْ عِشْرينَ أَلْفَ وَرَقَةً عَلَيْها صورَةُ عَمِّكَ غْرانْتُ، أَوْ مِئَةُ أَلْفِ وَرَقَةً عَلَيْها صورَةُ عَمِّكَ هاميلْتونْ."

سَأَلَهُ أَنيسٌ دونَ تَفْكيرٍ: "وَكَمْ وَرَقَةً عَلَيْها صورَةُ واشِنْطُنْ؟"

رَدَّ الصَّبِيُّ مُسْتَهْزِءًا: "حَفِظَكَ اللَّهُ وَرَعاكَ، أَنْتَ جَيِّدٌ جِدًّا في الرِّياضِيّاتِ."

قالَ أَنيسٌ مُتَحَمِّسًا: "كُفَّ عَنِ التَّحاذُقِ وَأَعْطِني تَذْكِرَةً، إِلَيْكَ أَلْفَيْ لَيْرَةٍ لُبْنانيَّةٍ."

[5:27]

Anis shouted at the top of his voice, "Hey boy, come here quickly!"

The boy replied, "I'm coming, why the rush?"

Anis asked the boy, "What's the deal with these tickets?"

"These lottery tickets are winners, God willing, and tomorrow the draw for the grand prize of one and a half billion Lebanese pounds will take place—that's the equivalent of one million U.S. dollars."

Anis asked in astonishment, "One million U.S. dollars!! How many bills with Benjamin Franklin's picture is that?"

The boy replied, "Ten thousand bills with Uncle Benjamin Franklin's picture, or twenty thousand bills with Uncle Grant's picture, or one hundred thousand bills with Uncle Hamilton's picture."

Without thinking, Anis asked, "And how many bills with Washington's picture?"

The boy mockingly replied, "God bless you and keep you safe, you're really good at math."

Anis, excited, said, "Stop being so clever and give me a ticket—here's two thousand Lebanese pounds."

قالَ الصَّبِيُّ: "ماذا! أَلْفَيْ لَيْرَةً؟ أُريدُ ثَلاثَةَ آلافِ لَيْرَةٍ، أُؤَكِّدُ لَكَ أَنَّها سَتَكونُ التَّذْكِرَةَ الرّابِحَةَ."

وَبِهَذا يَكونُ أَنيسٌ قَدِ اشْتَرى تَذْكِرَةَ اليانَصيبِ وَعادَ إِلى بَيْتِهِ عِنْدَ زَوْجَتِهِ كْلودينَ دونَ النَّظَرِ في التَّذْكِرَةِ وَالتَّحَقُّقِ مِنْ تاريخِ السَّحْبِ.

عِنْدَما وَصَلَ إِلى المَنْزِلِ، أَخْبَرَ زَوْجَتَهُ عَنِ التَّذْكَرَةِ وَطَلَبَ مِنْها أَنْ تُصَلِّيَ وَتَدْعو لَيْلَ نَهارٍ لِيَفوزا بِالجائِزَةِ الكُبْرى وَيَحْصُلا عَلى المِلْيونِ دولارٍ، وَهُوَ مَبْلَغٌ لَمْ يَحْلُما بِهِ أَبَدًا، فَإِنْ حَصَلا عَلَيْهِ سَيَتْرُكانِ القَرْيَةَ الصَّغيرَةَ وَالزِّراعَةَ وَتَرْبِيَةَ المَواشي، وَسَيَرْحَلانِ إِلى بَيْروتَ وَيَعيشا في المَدينَةِ.

ثُمَّ بَدَأَ أَنيسٌ في التَّخْطيطِ لِما سَيَفْعَلُهُ قَبْلَ مَوْعِدِ السَّحْبِ وَالفَوْزِ بِالجائِزَةِ. أَصْبَحَ يَتَحَدَّثُ إِلى نَفْسِهِ وَيُفَكِّرُ بِأَفْكارٍ غَريبَةٍ عَجيبَةٍ وَيَقولُ بِصَوْتٍ عالٍ:

"أُريدُ شِراءَ سَيّارَةٍ جَديدَةٍ وَمَلابِسَ أَوْ حَتّى فَتْحَ مَحَلٍّ لِبَيْعِ المَلابِسِ، وَشِراءَ شَقَّةٍ في العاصِمَةِ، وَشِراءَ المُجَوْهَراتِ وَالسّاعاتِ. أُريدُ التَّخَلُّصَ مِنَ الدَّجاجِ، وَالأَبْقارِ، وَالزِّراعَةِ،

[7:09]

The boy said, "What! Two thousand pounds? I want three thousand pounds. I assure you, this will be the winning ticket."

And so, Anis bought the lottery ticket and returned home to his wife, Claudine, without even looking at the ticket or verifying the draw date.

When he arrived home, he told his wife about the ticket and asked her to pray day and night so they could win the grand prize and get the million dollars—a sum they had never even dreamed of. If they won, they would leave the small village, abandon farming and livestock, and move to Beirut to live in the city.

Then, Anis started planning what he would do before the draw and winning the prize. He began talking to himself, thinking about strange and astonishing ideas, and said out loud:

"I want to buy a new car and clothes, or even open a clothing store, buy an apartment in the capital, purchase jewelry and watches. I want to get rid of the chickens, the cows, and farming.

وَأُريدُ أَنْ أُؤَسِّسَ شَرِكَةً، وَبَعْدَ ذَلِكَ سَيُصْبِحُ المِلْيونُ عَشَرَةَ مَلايينَ، أُريدُ أَنْ أَتْرُكَ زَوْجَتي وَأَتَزَوَّجَ عارِضَةَ أَزْياءٍ رائِعَةً." حَلُمَ أَنيسٌ وَتَحَدَّثَ بِصَوْتٍ عالٍ.

سَأَلَتْ كْلودينُ: "هَلْ تُريدُ أَنْ تَتْرُكَني وَتَتَزَوَّجَ عارِضَةَ أَزْياءٍ أَجْنَبِيَّةٍ؟ لا مانِعَ لَدَيَّ، لَكِنْ هَلْ هَذِهِ التَّذْكِرَةُ شَرْعِيَّةٌ؟"

"لَمْ أَفْهَمْ قَصْدَكِ! ما الَّذي تَتَحَدَّثينَ عَنْهُ؟ ماذا تَقْصِدينَ بِشَرْعِيَّةٍ؟"

أَوْضَحَتْ كْلودينُ قائِلَةً: "سَأَشْرَحُ لَكَ قَصْدي، هَذِهِ التَّذْكَرَةُ خاصَّةٌ بِسَحْبِ الأُسْبوعِ الماضي، أَيْ أَنَّها قَديمَةٌ"

قالَ أَنيسٌ: "ماذا؟! أَخَذَ الصَّبِيُّ أَلْفَ لَيْرَةٍ إِضافِيَّةٍ وَأَقْنَعَني أَنَّها سَتَرْبَحُ عَشَرَةَ آلافِ وَرَقَةً عَلَيْها صورَةُ فِرانْكْلينْ."

تابَعَ أَنيسٌ حَديثَهُ: "ما يُحْزِنُني هُوَ أَنَّ طِفْلًا في العاشِرَةِ مِنْ عُمْرِهِ خَدَعَني."

خَطَّطَ أَنيسٌ قائِلًا: "أَعْرِفُ ماذا سَأَفْعَلُ، سَأَبيعُ التَّذْكِرَةَ لِمارْلينَ. مارْلينُ لَيْسَتْ عَلى دِرايَةٍ بِاليانَصيبِ، سَأَبيعُها التَّذْكِرَةَ بِأَلْفَيْ لَيْرَةٍ لُبْنانِيَّةٍ وَأَخْسَرُ أَلْفَ لَيْرَةٍ لُبْنانِيَّةٍ،

I want to start a company, and then the million will become ten million. I want to leave my wife and marry a stunning fashion model." Anis dreamed and spoke aloud.

Claudine asked, "You want to leave me and marry a foreign fashion model? I have no objection, but is this ticket even legitimate?"

"I don't understand what you mean! What are you talking about? What do you mean by 'legitimate'?"

Claudine explained, "I'll clarify what I mean. This ticket is from last week's draw—it's expired."

Anis said, "What?! That boy took an extra thousand liras and convinced me that this ticket would win me ten thousand bills with Franklin's picture."

Anis continued, "What saddens me is that a ten-year-old child tricked me."

Anis devised a plan, saying, "I know what I'll do—I'll sell the ticket to Marilyn. Marilyn doesn't know anything about the lottery. I'll sell it to her for two thousand Lebanese pounds and lose only

هَكَذا سَأَتَمَكَّنُ مِنَ اسْتِعادَةِ ثُلُثَيْ سِعْرِها."

تَوَسَّلَتْ إِلَيْهِ كْلودينُ قائِلَةً: "لا تَفْعَلْ ذَلِكَ! إِنَّهُمْ جيرانُنا وَأَصْدِقائُنا مُنْذُ عِشْرينَ عامًا."

في اليَوْمِ التّالي، وَقَبْلَ أَنْ يَصيحَ الدّيكُ، اِسْتَيْقَظَ أنيسٌ وَاسْتَعَدَّ لِتَنْفيذِ خُطَّتِهِ الذَّكِيَّةِ الَّتي فَكَّرَ بِها اللَّيْلَةَ السّابِقَةَ.

شَرِبَ قَهْوَةَ الصَّباحِ كَعادَتِهِ وَانْتَظَرَ أَنْ يُغادِرَ جورْجُ المَنْزِلَ لِتَكونَ مارْلينُ في المَنْزِلِ وَحْدَها. عِنْدَما غادَرَ جورْجُ، طَرَقَ بابَ جيرانِهِ، وَفَتَحَتْ مارْلينُ البابَ.

قالَتْ مارْلينُ بِابْتِسامَةٍ قَسْرِيَّةٍ: "صَباحُ الخَيْرِ يا جارَنا، أُسْتاذُ أَنيسُ."

"صَباحُ الخَيْرِ، سَيِّدَةُ مارْلينُ، أَيْنَ جورْجُ؟ لا تَقولي أَنَّهُ ذَهَبَ مُبَكِّرًا إِلى العَمَلِ."

رَدَّتْ مارْلينُ قائِلَةً: "نَعَمْ، لَقَدْ غادَرَ مُنْذُ خَمْسِ دَقائِقَ. لَوْ أَنَّكَ أَتَيْتَ مُبَكِّرًا لَشَرِبْنا القَهْوَةَ مَعًا."

one thousand, that way, I'll recover two-thirds of the price."

Claudine pleaded with him, saying, "Don't do that! They've been our neighbors and friends for twenty years."

The next day, before the rooster crowed, Anis woke up and prepared to execute the clever plan he had thought of the night before.

He drank his morning coffee as usual and waited for George to leave the house so Marilyn would be home alone. When George left, Anis knocked on their door, and Marilyn opened it.

Marilyn greeted him with a forced smile: "Good morning, neighbor, Mr. Anis."

"Good morning, Mrs. Marilyn. Where's George? Don't tell me he left early for work."

Marilyn replied, "Yes, he left five minutes ago. If you had come earlier, we could have had coffee together."

قالَ أَنيسٌ: "لا مُشْكِلَةَ، شَرِبْتُ القَهْوَةَ في المَنْزِلِ. أَرَدْتُ أَنْ أُعْطِيَ هَذِهِ التَّذْكِرَةَ لِجورْجَ. أَعْرِفُ أَنَّهُ يَشْتَري تَذاكِرَ اليانَصيبِ، وَأَشْعُرُ أَنَّ هَذِهِ التَّذْكِرَةَ سَتَفوزُ. لِهَذا السَّبَبِ اشْتَرَيْتُ لَهُ هَذِهِ التَّذْكِرَةَ."

سَأَلَتْ: "يا إِلهي، إِنَّهُ يَشْتَري تَذاكِرَ اليانَصيبِ مُنْذُ عِشْرينَ عامًا، وَلَمْ يَفُزْ أَبَدًا. كَمْ ثَمَنُها؟"

أَجابَ أَنيسٌ بِابْتِسامَةٍ: "أَلْفانِ يا جارَتي، رُبَّما سَيَرْبَحُ هَذِهِ المَرَّةَ. لا أَحَدَ يَعْرِفُ."

قالَتْ مارْلينُ: "لَوْ أَنَّ السَّماءَ سَتُمْطِرُ لَرَأَيْنا الغُيومَ."

عادَ جورْجُ إِلى المَنْزِلِ مُتْعَبًا بَعْدَ يَوْمٍ طَويلٍ وَشاقٍّ تَحْتَ أَشِعَّةِ شَمْسِ شَهْرِ آبٍ الحارِقَةِ بِالمَزْرَعَةِ وَحِراثَةِ الأَرْضِ.

قالَ بِصَوْتٍ مُتْعَبٍ: "مَساءُ الخَيْرِ يا زَوْجَتي."

رَدَّتْ قائِلَةً: "مَساءُ الخَيْرِ يا زَوْجي، كَيْفَ كانَ يَوْمُكَ؟"

قالَ جورْجُ: "جَيِّدٌ وَلَكِنَّهُ مُرْهِقٌ وَطَويلٌ. تَحْتاجُ الأَرْضُ إِلى عَمَلٍ كَثيرٍ، وَأَسْعارُ المُعِدّاتِ وَالمُبيداتِ أَصْبَحَتْ

[12:17]

Anis said, "No problem, I already had coffee at home. I wanted to give George this ticket. I know he buys lottery tickets, and I have a feeling this one will win. That's why I bought it for him."

She asked, "Oh my God, he's been buying lottery tickets for twenty years and has never won. How much is it?"

Anis answered with a smile, "Two thousand, my neighbor. Maybe he'll win this time. No one knows."

Marilyn said, "If the sky were going to rain, we would have seen the clouds."

George returned home exhausted after a long, hard day under the scorching August sun, plowing the land at the farm.

He said in a weary voice, "Good evening, my wife."

She replied, "Good evening, my husband. How was your day?"

George said, "It was good, but exhausting and long. The land requires a lot of work, and the prices of equipment and pesticides

باهِظَةَ الثَّمَنِ. حَرَكَةُ السّوقِ ضَعيفَةٌ وَلا يوجَدُ إِقْبالٌ عَلى الفَواكِهِ وَالخُضْراواتِ كَما الفَتَراتِ السّابِقَةِ."

قالَتْ مارْلينُ: "أَعْلَمُ أَنَّ الوَضْعَ الِاقْتِصادِيَّ صَعْبٌ لِلْغايَةِ، وَالمَشاكِلَ لا تَنْتَهي. اِبْنَتُكَ تُريدُ سَيّارَةً، وَابْنُكَ يُريدُ أَنْ يَمْتَلِكَ شَقَّتَهُ الخاصَّةَ وَيَتَزَوَّجَ خَطيبَتَهُ، أَعْرِفُ أَنَّكَ تَفْعَلُ كُلَّ ما بِوُسْعِكَ لِأَجْلِ العائِلَةِ. لِذَلِكَ أَعِدُكَ بِأَنّي لَنْ أُزْعِجَكَ أَبَدًا بِشَأْنِ تَذاكِرِ اليانَصيبِ، وَلِهَذا اشْتَرَيْتُ لَكَ تَذْكِرَةً."

اِبْتَسَمَ جورْجُ وَسَأَلَ مارْلينَ: "مِنْ أَيْنَ اشْتَرَيْتِ التَّذْكِرَةَ يا مارْلينَ؟"

أَجابَتْ مارْلينُ: "مِنْ جارِنا أَنيسُ. أَتى صَباحًا وَكانَ يَوَدُّ أَنْ يَشْرَبَ مَعَكَ القَهْوَةَ وَلَمْ يَجِدْكَ، فَأَعْطاني هَذِهِ التَّذْكِرَةَ وَاشْتَرَيْتُها مِنْهُ بِأَلْفَيْ لَيْرَةٍ لُبْنانيَّةٍ."

قالَ جورْجُ: "إِذًا هَلْ جاري أَصْبَحَ يُحِبُّني الآنَ؟ أَمْرٌ عَجيبٌ! لَقَدْ كانَ يُفَكِّرُ في طُرُقٍ كَثيرَةٍ لِيَأْخُذَ مِنّي لَيْرَةً أَوِ اثْنَتَيْنِ طَوالَ حَياتِهِ."

[13:59]

have become extremely expensive. The market is slow, and there is less demand for fruits and vegetables compared to previous times."

Marilyn said, "I know the economic situation is very difficult, and the problems never end. Your daughter wants a car, and your son wants to own his own apartment and marry his fiancée. I know you do everything you can for the family. That's why I promise I will never bother you again about lottery tickets, and for that reason, I bought one for you."

George smiled and asked Marilyn, "Where did you buy the ticket from, Marilyn?"

Marilyn replied, "From our neighbor Anis. He came in the morning and wanted to have coffee with you, but you weren't home. So he gave me this ticket, and I bought it from him for two thousand Lebanese pounds."

George said, "So now my neighbor suddenly likes me? Strange! He's spent his whole life thinking of ways to take a lira or two from me."

قالَ جورْجُ: "حَسَنًا، أَرِني التَّذْكِرَةَ وَدَعيني أَتَحَقَّقُ مِنْ أَرْقامِها."

قالَتْ مارْلينُ: "سَأُحْضِرُ التَّذْكِرَةَ مِنْ غُرْفَةِ النَّوْمِ، أَخْبَرَني جارُنا أَنَّ لَدَيْهِ شُعورًا بِأَنَّ هَذِهِ التَّذْكِرَةَ سَتَفوزُ بِالجائِزَةِ الكُبْرى، عَشَرَةُ آلافِ وَرَقَةً عَلَيْها صورَةُ فِرانْكِلينْ."

عِنْدَما أَخَذَ جورْجُ التَّذْكِرَةَ مِنْ مارْلينَ وَفَحَصَ مَوْعِدِ السَّحْبِ، ضَحِكَ وَقالَ: "هاهاها! لا أُصَدِّقُ هَذا يا أَنيسُ!"

تابَعَ قائِلًا: إِنَّها تَذْكِرَةٌ قَديمَةٌ، وَمَوْعِدُ سَحْبِ هَذِهِ التَّذْكِرَةِ كانَ قَبْلَ أُسْبوعٍ."

رَدَّتْ مارْلينُ بِغَضَبٍ: "كَيْفَ يُمْكِنُهُ أَنْ يَفْعَلَ هَذا بِنا؟ لِماذا خَدَعَنا؟ لَمِ الكَذِبُ؟"

أَجابَ جورْجُ: "نَحْنُ نَعْرِفُ جارَنا أَنيسُ مُنْذُ عِشْرينَ عامًا. لِماذا أَنْتِ مُتَفاجِئَةٌ؟"

ذَهَبَتْ مارْلينُ إِلى غُرْفَتِها غاضِبَةً وَأَبْدَلَتْ مَلابِسَها.

سَأَلَها جورْجُ ضاحِكًا: "إِلى أَيْنَ أَنْتِ ذاهِبَةٌ سَيِّدَةُ مارْلينَ؟"

[15:38]

George continued, "Alright, show me the ticket and let me check its numbers."

Marilyn said, "I'll get the ticket from the bedroom. Our neighbor told me he has a feeling this ticket will win the grand prize—ten thousand bills with Franklin's picture."

When George took the ticket from Marilyn and checked the draw date, he laughed and said, "Hahaha! I don't believe this, Anis!"

He continued, "It's an old ticket—the draw date for this ticket was a week ago."

Marilyn responded angrily, "How could he do this to us? Why did he deceive us? Why lie?"

George answered, "We've known our neighbor Anis for twenty years. Why are you surprised?"

Marilyn went to her room angrily and changed her clothes.

George asked, laughing, "Where are you going, Mrs. Marilyn?"

أَجابَتْ مارْلينُ: "ذاهِبَةٌ إِلى مَنْزِلِ جيرانِنا. أُريدُ أَنْ أُعيدَ لَهُ التَّذْكِرَةَ وَأَتَعارَكَ مَعَ أَنيسٍ."

أَجابَ جورْجُ وَهُوَ لا يَزالُ يَضْحَكُ: "هَذا لَيْسَ بِالأَمْرِ الكَبيرِ يا مارْلينُ. إِنَّ أَلْفَيْ لَيْرَةٍ لُبْنانِيَّةٌ لا تَسْتَحِقُّ كُلَّ هَذا الخِلافِ مَعَ جيرانِنا. كَما أَنَّهُ رُبَّما لَمْ يَعُدْ إِلى المَنْزِلِ بَعْدُ، وَكُلودينُ وَحْدَها، وَلَيْسَ لَها عَلاقَةٌ بِالأَمْرِ. أَنا مُتَأَكِّدٌ مِنْ أَنَّها طَلَبَتْ مِنْهُ أَلا يَفْعَلَ ما فَعَلَهُ، لَكِنَّهُ بِالتَّأْكيدِ لَمْ يَهْتَمَّ لِكَلامِها."

قالَتْ مارلِيْنُ: "ماذا تَقْصِدُ؟ أَنَلْتَزِمُ الصَّمْتَ بِشَأْنِ ما فَعَلَهُ السَّيِّدُ أَنيسٌ وَنَجْعَلُهُ يَسْخَرُ مِنّا؟"

أَجابَ جورْجُ: "أَجَلْ، لا خِلافَ عَلى ذَلِكَ. يَقولُ المَثَلُ القَديمُ: "لا تَكْرَهوا شَيْئًا، لَعَلَّهُ خَيْرٌ لَكُمْ."

تابَعَ جورْجُ قائِلًا: "سَأَذْهَبُ إِلى مَنْزِلِ تامِرٍ صَباحَ الغَدِ وَأُعْطيهِ الأَرْقامَ المَوْجودَةَ عَلى التَّذْكِرَةِ، وَسَأَطْلُبُ مِنْهُ أَنْ يَتَحَقَّقَ مِنْ أَرْقامِ سَحْبِ الأُسْبوعِ الماضي. رُبَّما تَكونُ هَذِهِ التَّذْكِرَةُ رابِحَةً، لا أَحَدَ يَعْلَمُ."

Marilyn replied, "I'm going to our neighbor's house. I want to return this ticket and have it out with Anis."

George, still laughing, replied, "This isn't a big deal, Marilyn. Two thousand Lebanese pounds aren't worth all this conflict with our neighbors. Besides, he may not have returned home yet, and Claudine is probably alone. She has nothing to do with this. I'm sure she told him not to do it, but he certainly didn't care about her opinion."

Marilyn said, "What do you mean? Are we supposed to stay silent about what Mr. Anis did and let him mock us?"

George answered, "Yes, there's no argument about that. As the old saying goes: 'You may hate something, but it could be good for you.'"

George continued, "Tomorrow morning, I'll go to Tamer's house and give him the numbers on the ticket. I'll ask him to check the numbers from last week's draw. Maybe this ticket is actually a winner—no one knows."

رَدَّتْ مارْلينُ قائِلَةً: "مَضى عِشرونَ عامًا وَأَنْتَ تَشْتَري هَذِهِ التَّذاكِرَ وَلَمْ تَرْبَحْ لَيْرَةً واحِدَةً. أَتَعْتَقِدُ بِأَنَّكَ سَتَرْبَحُ هَذِهِ التَّذْكِرَةَ الَّتي اِشْتَرَيْناها مِنْ أَسْوَأِ شَخْصٍ نَعْرِفُهُ؟"

ثُمَّ ذَهَبَ جورْجُ إِلى غُرْفَةِ نَوْمِهِ لِيَنامَ مُبَكِّرًا وَيَسْتَيْقِظَ في الصَّباحِ الباكِرِ وَيَذْهَبَ إِلى تامِرٍ.

"تُصْبِحينَ عَلى خَيْرٍ يا زَوْجَتي."

"تُصْبِحُ عَلى خَيْرٍ يا جورْجُ."

في صَباحِ اليَوْمِ التّالي، اِسْتَيْقَظَ جورْجُ مُبَكِّرًا، وَذَهَبَ إِلى المَطْبَخِ لِيُحَضِّرَ قَهْوَتَهُ الصَّباحِيَّةَ، وَفَتَحَ المِذْياعَ القَديمَ الَّذي اِشْتَراهُ مُنْذُ سَنَواتٍ عَديدَةٍ حَتّى باتَ لا يَتَذَكَّرُ مِنْ أَيْنَ اِشْتَراهُ. بَدَأَ يَوْمَهُ بِالاِسْتِماعِ إِلى أَغاني أَشْهَرِ مُطْرِبَةٍ في تاريخِ لُبْنانَ، الأُسْطورَةُ فَيْروزُ، وَأَنْغامِ موسيقى الأَخَوَيْنِ الرَّحْباني.

بَعْدَ أَنْ أَعَدَّ القَهْوَةَ وَوَجْبَةَ الإِفْطارِ، أَيْقَظَ زَوْجَتَهُ.

"اِسْتَيْقَظي يا مارْلينُ لِنَبْدَأَ يَوْمَنا مُبَكِّرًا. لَقَدْ أَعْدَدْتُ القَهْوَةَ وَالفَطورَ، وَأَنا في اِنْتِظارِكِ لِنَتَناوَلَ الطَّعامَ مَعًا."

[18:50]

Marilyn replied, "You've been buying these tickets for twenty years, and you haven't won a single lira. Do you really think you'll win with this ticket—the one we bought from the worst person we know?"

Then George went to his bedroom to sleep early so he could wake up at dawn and go to Tamer.

"Good night, my wife."

"Good night, George."

The next morning, George woke up early, went to the kitchen to prepare his morning coffee, and turned on the old radio he had bought many years ago—so long ago that he no longer remembered where he had bought it from. He started his day listening to songs by the greatest singer in Lebanon's history, the legend Fairuz, and the melodies of the Rahbani brothers.

After preparing the coffee and breakfast, he woke his wife.

"Wake up, Marilyn, let's start our day early. I've prepared the coffee and breakfast, and I'm waiting for you so we can eat together."

بَعْدَ أَنِ اسْتَيْقَظَتْ مارْلينُ، اِحْتَسا القَهْوَةَ وَأَكَلا الفَطورَ، وَقالَتْ مارْلينُ لِزَوْجِها: "لا تَتَأَخَّرْ يا جورْجُ لِتَلْحَق بِتامِرٍ قَبْلَ أَنْ يَذْهَبَ إِلى بَيْروتَ، وَلا تَنْسَ أَنْ تُذَكِّرَهُ بِأَنْ يُخْبِرَ العامِلَ الَّذي يَعْمَلُ في مَكْتَبَةِ أَحْمَدَ بِأَنْ يَتَحَقَّقَ مِنْ أَرْقامِ سَحْبِ الأُسْبوعِ الماضي وَلَيْسَ سَحْبَ الأَمْسِ."

في السّادِسَةِ صَباحًا، وَصَلَ جورْجُ إِلى مَنْزِلِ تامِرٍ، وَطَرَقَ البابَ وَانْتَظَرَ السَّيِّدَ تامِرًا لِيَفْتَحَ لَهُ البابَ.

"صَباحُ الخَيْرِ يا تامِرُ."

أَجابَ تامِرٌ: "صَباحُ الخَيْرِ يا صَديقي."

قالَ تامِرٌ: "بِالأَمْسِ، كانَ هُناكَ سَحْبُ تَذاكِرِ اليانَصيبِ، وَأَنا مُتَأَكِّدٌ مِنْ أَنَّكَ أَتَيْتَ إِلَيَّ كَعادَتِكَ لِتُعْطِيَني أَرْقامَ التَّذْكِرَةِ لِأَتَحَقَّقَ مِمّا إِذا كانَتِ الرّابِحَةَ."

أَجابَ جورْجُ: "هَذا صَحيحٌ يا تامِرُ، كَالعادَةِ سَأَراكَ بَعْدَ الظُّهْرِ." وَنَسِيَ جورْجُ أَنْ يَطْلُبَ مِنْهُ التَّحَقُّقَ مِنْ أَرْقامِ سَحْبِ تَذاكِرِ الأُسْبوعِ الماضي.

[20:31]

After Marilyn woke up, they drank their coffee and ate breakfast. She then said to her husband, "Don't be late, George, so you can catch Tamer before he leaves for Beirut. And don't forget to remind him to ask the worker at Ahmed's bookstore to check the numbers from last week's draw, not yesterday's draw."

At six in the morning, George arrived at Tamer's house, knocked on the door, and waited for Mr. Tamer to open it.

"Good morning, Tamer."

Tamer replied, "Good morning, my friend."

Tamer said, "Yesterday, there was a lottery draw, and I'm sure you've come to me as usual to give me your ticket numbers so I can check if you've won."

George replied, "That's right, Tamer, as usual. I'll see you in the afternoon." And George forgot to ask him to check the numbers from last week's lottery draw.

في عَصْرِ اليَوْمِ نَفْسِهِ، عادَ تامِرٌ مِنَ المَدينَةِ وَرَأى أَنيسًا وَقالَ لَهُ: "هَنِّئْ جارَكَ جورْجَ فَهُوَ يَنْتَظِرُ هَذا اليَوْمَ مُنْذُ عِشْرينَ عامًا."

أَجابَ أَنيسٌ: "أُبارِكُ لَهُ عَلى ماذا؟ لَمْ أَفْهَمْ."

قالَ تامِرٌ: "عَلى تَذْكِرَةِ اليانَصيبِ."

قالَ أَنيسٌ وَالغَصَّةُ في قَلْبِهِ: "لِماذا؟ هَلْ فازَ بِالجائِزَةِ الكُبْرى؟ المِلْيونِ دولارٍ؟!"

أَجابَ تامِرٌ: لا، لَيْسَ المِلْيونَ دولارٍ، رَبِحَ خَمْسينَ أَلْفَ دولارٍ أَمْريكِيٍّ، الجائِزَةُ الثّانِيَةُ."

ثُمَّ رَكَضَ أَنيسٌ إِلى مَنْزِلِ جورْجَ بِأَقْصى سُرْعَتِهِ لِيَصِلَ قَبْلَ أَنْ يُخْبِرَ أَحَدٌ جورْجَ بِالأَمْرِ وَقَبْلَ أَنْ يَعْرِفَ أَنَّهُ رِبِحَ لِلتَّوِّ خَمْسينَ أَلْفَ دولارٍ أَمْريكِيٍّ. وَعِنْدَما وَصَلَ إِلى مَنْزِلِ جورْجَ فَإِذْ بِابْنَةِ جورْجَ ماري تَفْتَحُ لَهُ الباب.

"مَرْحَبًا أَيُّها العَمُّ أَنيسٌ."

"مَرْحَبًا ماري. كَيْفَ حالُكِ؟"

[22:02]

That same afternoon, Tamer returned from the city and saw Anis. He said to him, "Congratulate your neighbor George—he has been waiting for this day for twenty years."

Anis responded, "Congratulate him for what? I don't understand."

Tamer said, "For the lottery ticket."

Anis, feeling a lump in his throat, asked, "Why? Did he win the grand prize—the million dollars?!"

Tamer replied, "No, not the million dollars. He won fifty thousand U.S. dollars—the second prize."

Anis then sprinted toward George's house as fast as he could, trying to get there before anyone else informed George about his win—before he found out that he had just won fifty thousand dollars. When he arrived at George's house, it was George's daughter, Mary, who opened the door for him.

"Hello, Uncle Anis."

"Hello, Mary. How are you?"

"أَنا بِخَيْرٍ، وَأَنْتَ؟"

رَدَّ جورْجُ بِاسْتِعْجالٍ: "بِخَيْرٍ، بِخَيْرٍ، لَكِنّي في عَجَلَةٍ مِنْ أَمْري. سَأَذْهَبُ أَنا وَكُلودينَ إِلى بَيْروتَ لِمُدَّةِ أُسْبوعٍ أَوْ أَكْثَرَ، وَجِئْتُ أُسَلِّمُ عَلَيْكُمْ. هَلْ أُمُّكِ وَأَبيكِ بِالمَنْزِلِ؟"

أَجابَتْ: "إِنَّهُما في المَطْبَخِ. تَفَضَّلْ."

فَذَهَبَ أَنيسٌ إِلى المَطْبَخِ راكِضًا بِسُرْعَةٍ أَكْبَرَ مِنْ سُرْعَةِ الغِزْلانِ.

قالَتْ مارْلينْ: "ما خَطْبُكَ يا أَنيسُ، ماذا حَدَثَ؟"

قالَ أَنيسٌ: "جِئْتُ لِأُصَحِّحَ خَطَئي، وَأَنا نادِمٌ عَلى ما فَعَلْتُهُ."

قالَ جورْجُ مُتَظاهِرًا بِأَنَّهُ لا يَعْرِفُ شَيْئًا: "ما الَّذي تَتَحَدَّثُ عَنْهُ يا أَنيسُ؟"

قالَ الماكِرُ أَنيسٌ: "أُريدُ أَنْ أَعْتَرِفَ لَكُما، بِالأَمْسِ جِئْتُ وَبِعْتُ مارْلينَ تَذْكِرَةَ يانَصيبٍ قَديمَةً. كانَ سَحْبُها الأُسْبوعَ الماضِيَ وَمُنْذُ الأَمْسِ وَأَنا نادِمٌ وَحَزينٌ. وَأُريدُ أَنْ أُصَحِّحَ فِعْلَتي، أُريدُ أَنْ أَسْتَرِدَّ التَّذْكِرَةَ مِنْ فَضْلِكُما."

[23:29]

"I'm fine, and you?"

Anis replied hurriedly, "I'm fine, fine, but I'm in a rush. Claudine and I are going to Beirut for a week or more, and I just came to say goodbye. Are your mother and father home?"

She answered, "They're in the kitchen. Please, come in."

Anis rushed to the kitchen, running faster than a gazelle.

Marilyn asked, "What's wrong, Anis? What happened?"

Anis said, "I came to correct my mistake, and I regret what I did."

George, pretending he didn't know anything, said, "What are you talking about, Anis?"

The cunning Anis said, "I want to confess to you both. Yesterday, I came and sold Marilyn an old lottery ticket. Its draw was last week, and since yesterday, I have been feeling regretful and sad. I want to correct my mistake—I would like to take the ticket back, please."

رَدَّ جورْجُ قائِلًا: "لا مُشْكِلَةَ، سامَحْتُكَ، هَذا خَطَأٌ وارِدٌ، وَأَنا لَسْتُ غاضِبًا مِنْكَ."

رَدَّ أَنيسٌ: "لا، لَنْ أَقْبَلَ بِهَذا. لَمْ أَنَمِ اللَّيْلَةَ الماضِيَةَ وَلَمْ أَسْتَطِعْ أَنْ أُغْمِضَ عَيْنَيَّ. طَوالَ اللَّيْلِ وَأَنا أُفَكِّرُ وَأَقولُ في نَفْسي، كَيْفَ فَعَلْتُ هَذا مَعَ صِديقِ عُمْري؟"

اِنْضَمَّتْ مارْلينُ إِلى المُحادَثَةِ قائِلَةً: "لا عَلَيْكَ، أَنْتَ جارُنا وَصَديقُنا مُنْذُ عِشْرينَ عامًا، لَنْ نَغْضَبَ مِنْكَ مُقابِلَ أَلْفَيْ لَيْرَةٍ لُبْنانِيَّةٍ."

وَأَضافَ جورْجُ: "حَسَنًا، لَكِنّي لا أُريدُ أَنْ أَبيعَها إِلّا بِسِعْرٍ أَعْلى."

رَدَّ أَنيسٌ بِسُرْعَةٍ: "سَأَدْفَعُ لَكَ عَشَرَةَ آلافِ لَيْرَةٍ لُبْنانِيَّةٍ."

قالَ جورْجُ: "عِشْرونَ أَلْفًا وَسَأَقْبَلُ، فَقَطْ لِأَنَّكَ جاري."

فَقالَ أَنيسٌ: "أوافِقُ عَلى طَلَبِكَ يا جاري، سَأَشْتَري نَوْمَ اللَّيالي الَّذي لَمْ أَعُدْ أَنَمْهُ بِعِشْرينَ أَلْفٍ."

[25:00]

George replied, "No problem, I forgive you. Mistakes happen, and I'm not angry with you."

Anis responded, "No, I won't accept that. I didn't sleep last night, and I couldn't close my eyes. All night, I kept thinking to myself, 'How could I do this to my lifelong friend?'"

Marilyn joined the conversation, saying, "It's alright. You've been our neighbor and friend for twenty years—we wouldn't be upset over two thousand Lebanese liras."

George added, "Alright, but I don't want to sell it back except at a higher price."

Anis quickly replied, "I'll pay you ten thousand Lebanese liras."

George said, "Twenty thousand, and I'll accept—only because you're my neighbor."

Anis said, "I agree to your request, my neighbor. I'll buy back the sleepless nights that I couldn't sleep for twenty thousand."

ثُمَّ أَخَذَ أَنيسُ التَّذْكِرَةَ الرّابِحَةِ مِنْ جورْجَ، وَرَكَضَ إِلى المَنْزِلِ وَحَزَمَ الحَقائِبِ وَأَبْلَغَ زَوْجَتَهُ كْلودينَ أَنَّهُ عَلَيْهِما مُغادَرَةُ القَرْيَةِ بِسُرْعَةٍ لِمُدَّةِ أُسْبوعٍ، سَيَذْهَبانِ إِلى المَدينَةِ وَسَيُقيمانِ في فُنْدُقٍ ما. عِنْدَما سَأَلَتْهُ كْلودينُ عَنِ السَّبَبِ، أَجابَ أَنيسٌ: "لِأَنَّني أَنيسُ بِنْ أَنيسٍ فاخورِيْ، أَذْكى رَجُلٍ في قَرْيَةِ أَرْغيلَةَ... بَلْ في كُلِّ لُبْنانَ، وَحَتّى في بِلادِ الشّامِ."

وَبِالفِعْلِ دونَ أَنْ تَطْرَحَ كْلودينُ أَيَّ أَسْئِلَةٍ إِضافيَّةٍ، أَعَدَّتْ ما يَحْتاجانِ إِلَيْهِ لِمُدَّةِ أُسْبوعٍ. في غُضونِ ساعَةٍ أَعَدَّتْ كُلَّ شَيْءٍ. ذَهَبا إِلى مَحَطَّةِ الحافِلاتِ لِيَسْتَقِلّا أَوَّلَ رِحْلَةٍ إِلى بَيْروتَ قَبْلَ أَنْ يَكْتَشِفَ جورْجُ أَوْ أَيُّ شَخْصٍ آخَرَ في القَرْيَةِ أَنَّ تَذْكِرَةَ اليانَصيبِ الَّتي اِنْتَظَرَها جورْجُ طَويلًا أَصْبَحَتِ الآنَ مَعَ أَنيسٍ بِفَضْلِ ذَكائِهِ وَدَهائِهِ.

في الوَقْتِ نَفْسِهِ، وَصَلَ تامِرٌ إِلى المَنْزِلِ وَأَخْبَرَ زَوْجَتَهُ جَميلَةَ بِما حَدَثَ اليَوْمَ وَكَيْفَ فازَ جورْجُ وَمارْلينُ بِالجائِزَةِ الثّانيَةِ مِنْ تَذاكِرِ اليانَصيبِ. أَصَرَّتْ جَميلَةُ عَلى أَلّا يَذْهَبَ تامِرٌ لِوَحْدِهِ إِلى مَنْزِلِ جورْجَ وَمارْلينَ. أَرادَتْ أَنْ تَكونَ الشَّخْصَ الَّذي يَنْقُلُ الأَخْبارَ الرّائِعَةَ إِلى صَديقَةِ طُفولَتِها،

[26:26]

Then Anis took the winning lottery ticket from George, ran home, packed his bags, and told his wife, Claudine, that they had to leave the village quickly for a week. They would go to the city and stay in a hotel. When Claudine asked him why, Anis replied, "Because I am Anis bin Anis Fakhouri, the smartest man in the village of Argilah… no, in all of Lebanon, and even in the entire Levant!"

And indeed, without asking any additional questions, Claudine prepared everything they needed for a week. Within an hour, everything was ready. They headed to the bus station to catch the first trip to Beirut before George or anyone else in the village could discover that the lottery ticket George had been waiting for so long was now in Anis's hands—thanks to his intelligence and cunning.

Meanwhile, Tamer arrived home and told his wife, Jameela, what had happened that day and how George and Marilyn had won the second prize in the lottery. Jameela insisted that Tamer should not go alone to George and Marilyn's house. She wanted to be the one to deliver the wonderful news to her childhood friend, Marilyn.

مارْلينَ. لَوْلا تَأْجيلُ تامِرٍ وَإِصْرارُ جَميلَةَ عَلى الذَّهابِ مَعَهُ لَوَصَلَ إِلى مَنْزِلِ جورْجَ قَبْلَ أَنيسٍ. وَلَعَرِفَ وَقْتَها جورْجُ أَنَّ التَّذْكِرَةَ الَّتي مَعَهُ هِيَ الرّابِحَةُ بِالجائِزَةِ الثّانيَةِ.

صاحَ تامِرُ: "هَيّا يا جَميلَةُ تَأَخَّرْنا عَنْ مَوْعِدِنا بِالذَّهابِ إِلى مَنْزِلِ جورْجَ وَمارْلينَ، سَيَنامانِ قَريبًا."

رَدَّتْ جَميلَةُ قائِلَةً: "أَحْتاجُ خَمْسَ دَقائِقَ أُخْرى وَسَأَكونُ جاهِزَةً."

قالَ تامِرٌ: "أَخْبَرْتِني بِأَنَّكِ تَحْتاجينَ إِلى خَمْسِ دَقائِقَ قَبْلَ ساعَتَيْنِ يا جَميلَةُ. ما خَطْبُكِ، هَلْ نَحْنُ ذاهِبانِ إِلى حَفْلِ زِفافٍ؟!"

قالَتْ جَميلَةُ أَثْناءَ مُحاوَلَتِها اخْتِيارَ فُسْتانٍ لِارْتِدائِهِ: "قُلْتُ لَكَ خَمْسَ دَقائِقَ. لا يُمْكِنُني الذَّهابُ إِلى مارْلينَ هَكَذا. أَلا تَعْلَمُ أَنَّنا تَنافَسْنا خِلالَ أَيّامِ المَدْرَسَةِ عَلى لَقَبِ أَجْمَلِ فَتاةٍ؟"

بَعْدَ ساعاتٍ مِنَ التَّأْخيرِ، وَصَلَ تامِرُ وَزَوْجَتُهُ إِلى مَنْزِلِ جورْجَ وَمارْلينَ، وَبَعْدَ اسْتِقْبالِهِمْ جَرَتِ المُحادَثَةُ التّالِيَةُ:

[28:23]

If Tamer hadn't delayed and if Jameela hadn't insisted on going with him, they would have reached George's house before Anis. Then George would have known right away that the ticket he had was the second-place winner.

Tamer shouted, "Come on, Jameela, we're late for our visit to George and Marilyn's house—they'll be going to bed soon!"

Jameela replied, "I just need five more minutes, and I'll be ready."

Tamer said, "You told me you needed five minutes two hours ago, Jameela! What's going on? Are we going to a wedding?!"

Jameela, while trying to choose a dress to wear, said, "I told you, five minutes. I can't just go to Marilyn looking like this. Don't you know that back in school, we competed for the title of the most beautiful girl?"

After hours of delay, Tamer and his wife finally arrived at George and Marilyn's house. After welcoming them, the following conversation took place:

قالَ تامِرٌ: "لَدَيَّ أَخْبارٌ سارَّةٌ يا جورْجُ."

قاطَعَتْهُ جَميلَةُ قائِلَةً: "لا يا تامِرُ، أُريدُ أَنا أَنْ أُخْبِرَهُمِ الخَبَرَ السّارَّ."

تابَعَتْ جَميلَةُ وَقالَتْ: "أَنْتُما الِاثْنانِ أَكْثَرُ النّاسِ اِسْتِحْقاقًا، وَيُسْعِدُني أَنْ أُخْبِرَكُما أَنَّ تَذْكِرَةَ اليانَصيبِ الَّتي بِحَوْزَتِكُما رَبِحَتْ خَمْسينَ أَلْفَ دولارٍ أَمْريكِيٍّ، وَلا أَحَدَ في القَرْيَةِ يَعْرِفُ غَيْري أَنا وَتامِرٌ."

وَأَضافَ تامِرٌ: "وَجارُكَ وَصَديقُكَ أَنيسٌ. رَأَيْتُهُ عِنْدَما وَصَلْتُ إِلى القَرْيَةِ وَأَخْبَرْتُهُ."

فَتَفاجَأَ جورْجُ وَمارْلينُ. وَتَغَيَّرَتْ مَلامِحُ وَجْهَيْهِما، وَلاحَظَ الضُّيوفُ أَنَّ هُناكَ شَيْئًا ما. التَّذْكِرَةُ لَيْسَتْ بِحَوْزَةِ جورْجَ، فَغادَرا مَنْزِلَ جورْجَ وَمارْلينَ بَعْدَ مُرورِ خَمْسِ دَقائِقَ بِحُجَّةِ ضَرورَةِ النَّوْمِ مُبَكِّرًا وَشُعورِ تامِرٍ بِالإِرْهاقِ، دونَ إِضافَةِ أَيِّ أَسْئِلَةٍ أَوْ فَتْحِ مُحادَثاتٍ إِضافِيَّةٍ حَوْلَ هَذا المَوْضوعِ أَوْ أَيِّ شَيْءٍ آخَرَ.

وَصَلَ أَنيسٌ وَكْلودينَ بَيْروتَ في أَفْخَمِ وَأَعْرَقِ الفَنادِقِ في المَدينَةِ. حَجَزَ السَّيِّدُ أَنيسٌ غُرْفَةً كَبيرَةً باهِظَةِ الثَّمَنِ

[29:55]

Tamer said, "I have great news, George!"

Jameela interrupted him, saying, "No, Tamer, I want to be the one to tell them the good news!"

Jameela continued, "You two are the most deserving people, and I am delighted to tell you that the lottery ticket in your possession has won fifty thousand U.S. dollars, and no one else in the village knows except me and Tamer."

Tamer added, "And your neighbor and friend Anis. I saw him when I arrived in the village and told him."

George and Marilyn were stunned. Their expressions changed, and their guests noticed that something was wrong. The ticket was no longer in George's possession. After just five minutes, Tamer and Jameela left, claiming that they needed to sleep early and that Tamer was feeling tired, without asking any further questions or opening any additional conversations on the matter.

Meanwhile, Anis and Claudine arrived in Beirut and checked into one of the city's most luxurious and prestigious hotels. Mr. Anis booked an expensive, spacious room for

لِمُدَّةِ سِتَّةِ لَيالٍ وَأَخْرَجَ مِنْ جَيْبِهِ كُلَّ الأَمْوالِ الَّتِي كانَ يَدَّخِرُها لِسَنَواتٍ مِنْ مَبِيعاتِ المُنْتَجاتِ الزِّراعِيَّةِ. أَمْضى لَيْلَةً طَوِيلَةً مَعَ زَوْجَتِهِ وَالَّتِي بَدَأَها بِعَشاءٍ فاخِرٍ فِي مَطْعَمٍ مَعْرُوفٍ بِالمَدِينَةِ، ثُمَّ اسْتَجَمّا فِي غُرْفَةِ البُخارِ وَالجاكوزي فِي الفُنْدُقِ، وَأَخِيرًا قَضى لَيْلَةً طَوِيلَةً مَلِيئَةً بِالحُبِّ مَعَ زَوْجَتِهِ.

فِي اليَوْمِ التّالِي، اسْتَيْقَظَ الزَّوْجانِ فِي وَقْتٍ مُتَأَخِّرٍ وَقَرَّرا الذَّهابَ إِلى مَرْكَزِ تَذاكِرِ اليانَصِيبِ الرَّسْمِيِّ المَوْجُودِ فِي بَيْرُوتَ لِاسْتِلامِ الجائِزَةِ. رَكِبا سَيّارَةَ أُجْرَةٍ، وَذَهَبا إِلى الشَّرِكَةِ وَقَدَّما أَنْفُسَهُما بِأَنَّهُما الفائِزَيْنِ بِالجائِزَةِ الثّانِيَةِ.

قالَتْ مُوَظَّفَةُ الشَّرِكَةِ: "مَعْذِرَةً مِنْكَ يا سَيِّدِي، هُناكَ خَطَأٌ فِي الأَرْقامِ أَوِ التَّوارِيخِ."

رَدَّ أَنِيسٌ وَهُوَ عَلى وَشْكِ أَنْ يُصابَ بِأَزْمَةٍ قَلْبِيَّةٍ: "لَمْ أَفْهَمْ، ماذا تَقْصِدِينَ بِأَنَّ هُناكَ خَطَأً ما؟"

قالَتِ المُوَظَّفَةُ: هَذِهِ أَرْقامٌ رابِحَةٌ وَلَكِنَّها أَرْقامُ تَذْكِرَةِ السَّحْبِ الماضِي وَحَسْبَ أَرْقامِ سَحْبِ اليَوْمِ لَمْ تَرْبَحْ أَيَّ لَيْرَةٍ.

six nights and took out all the money he had saved for years from selling agricultural products. He spent the night with his wife, starting with a lavish dinner at a well-known restaurant in the city, then relaxing in the hotel's steam room and jacuzzi, and finally, ending the night in an evening filled with love with his wife.

The next day, the couple woke up late and decided to go to the official lottery center in Beirut to claim their prize. They took a taxi to the company and introduced themselves as the winners of the second prize.

The company's employee said, "Excuse me, sir, but there is a mistake in the numbers or the dates."

Anis, on the verge of a heart attack, replied, "I don't understand. What do you mean there's a mistake?"

The employee said, "These are winning numbers, but they belong to the previous lottery draw. According to today's draw results, this ticket hasn't won a single lira."

ثُمَّ عادَ أَنيسٌ وَزَوْجَتُهُ إِلى القَرْيَةِ بَعْدَ أَنْ عَرِفَ جَميعُ سُكّانِ القَرْيَةِ ما فَعَلَهُ السَّيِّدُ أَنيسٌ بِجارِهِ وَصَديقِهِ، وَمَضى أُسْبوعٌ دونَ أَنْ يَتَكَلَّمَ أَوْ يُسَلِّمَ أَحَدٌ عَلى أَنيسٍ. شَعَرَ أَنيسٌ بِالوَحْدَةِ وَالنَّدَمِ.

بَعْدَ بِضْعَةِ أَشْهُرٍ، ساءَتْ حالَةُ أَنيسٍ النَّفْسيَّةُ، فَاجْتَمَعَ رِجالُ القَرْيَةِ وَطَلَبوا مِنْ جورْجَ أَنْ يُسامِحَهُ، فَوافَقَ عَلى اللِّقاءِ وَعاتَبَهُ لِتَصْفى قُلوبُهُما.

في اللَّيالي الأَخيرَةِ مِنْ ذَلِكَ الصَّيْفِ، اِلْتَقى جورْجُ وَأَنيسٌ بِحُضورِ رِجالِ القَرْيَةِ. ذَكَّرَ جورْجُ أَنيسًا بِالمَثَلِ العَرَبِيِّ الَّذي يَقولُ: "مَنْ حَفَرَ حُفْرَةً لِأَخيهِ وَقَعَ فيها." ثُمَّ تَعانَقا وَنَسِيا ما حَدَثَ وَعاشا حَياةً سَعيدَةً مُجَدَّدًا.

[33:23]

Anis and his wife returned to the village after everyone there had learned what Mr. Anis had done to his neighbor and friend. A week passed without anyone speaking to or greeting Anis. He felt lonely and regretful.

A few months later, Anis's psychological state worsened. The village men gathered and asked George to forgive him. He agreed to meet with Anis and reproached him so they could reconcile.

In the last nights of that summer, George and Anis met in the presence of the village men. George reminded Anis of the Arabic proverb: "He who digs a pit for his brother will fall into it himself." Then they embraced, forgot what had happened, and lived happily once again.

Arabic Text without Tashkeel

تذكرة اليانصيب

قالت مارلين: "توقف يا جورج! توقف يا زوجي! أتوسل إليك، توقف عن فعل هذا." منذ عشرين عاما وأنت تشتري تذاكر اليانصيب ولم تفز حتى مرة واحدة."

أجاب جورج: "ما الذي يزعجك في هذا؟ إنها أموالي. أنفقها كيفما يحلو لي حتى وإن أحرقتها أو رميتها في القمامة."

ردت مارلين: "يا زوجي، يا حبيبي، يا قلبي، يا روحي! كان بإمكانك شراء سيارة لابنتك ماري أو شقة لابنك يوسف بالمال الذي تنفقه على تذاكر اليانصيب."

سألها جورج: "حسنا، يا زوجتي، هل تشترين تذاكر اليانصيب أو هل اشتريت تذكرة يانصيب واحدة في حياتك كلها؟"

أجابت مارلين: "لا، هل تعتقد أني جننت لأشتري قطعة من الورق عليها ستة أرقام مستحيل أن أكسب منها ليرة واحدة؟"

رد جورج ضاحكا: "حسنا، أين الشقة أو السيارة التي اشتريتها من المال الذي ادخرتيه؟"

جورج رجل يبلغ من العمر ثلاثة وخمسين عاما يعيش مع زوجته مارلين وابنته ماري وابنه يوسف في قرية لبنانية تسمى أرغيلة.

يحب جورج شراء تذاكر اليانصيب، وهو مقتنع بأنه يوما ما سيفوز بالجائزة الكبرى. يعطي صديقه تامرا أرقام تذكرة اليانصيب الخاصة به لمعرفة ما إذا كان قد ربح أم لا، لأن تامرا الشخص الوحيد الذي يمتلك سيارة في القرية ويذهب بها إلى المدينة للعمل يوميا.

أرغيلة قرية صغيرة بعيدة عن ضجيج العاصمة بيروت، وبعيدة أيضا عن مدينة طرابلس وحركة المرور وعن مدينة صيدا وأنوارها.

وهي قرية بها عدد قليل من السيارات والمباني، بلا مطارات أو قطارات. قرية عرفت الإنترنت منذ خمس سنوات، وخدمة الهاتف قبل عشر سنوات، والتلفاز قبل عشرين سنة.

قرية لا يوجد بها حانات أو دور سينما أو مطاعم أو فنادق. بها منازل صغيرة وأشخاص بسطاء يعيشون على تربية الأغنام والدجاج والأبقار وزراعة الخضار والفواكه.

يعيش أنيس جار جورج نفس الظروف التي يعيشها. مضى على جيرتهما عشرون عاما، يجلسان مع بعضهما ولا يفرقهما شيء. يعملان في الزراعة وتربية المواشي ولديهما أسر صغيرة، وهمهما الوحيد في هذه الحياة هو توفير المأكل والمشرب والمسكن.

المشكلة الوحيدة هي غيرة أنيس من صديقه جورج. فهو يقلد جورج دائما في كل ما يفعله، باستثناء أمر واحد، وهو شراء تذاكر اليانصيب.

في كل صباح وظهر ومساء يسخر كل من أنيس ومارلين من شغف جورج بتذاكر اليانصيب.

ذات يوم، مر طفل صغير في القرية يبيع تذاكر اليانصيب، ولأن أنيس يغار من جورج ويقلده دائما بكل شيء، نادى الصبي وطلب منه أن يأتي إليه بسرعة.

نادى أنيس بأعلى صوته: "يا فتى، تعال إلى هنا بسرعة."

أجاب الصبي: "أنا قادم، لم العجلة؟"

سأل أنيس الصبي: "ما وضع هذه التذاكر؟"

"تذاكر اليانصيب هذه رابحة بإذن الله، وغدا سيكون السحب على الجائزة الكبرى مليار ونصف ليرة لبنانية أي ما يساوي مليون دولار أمريكي."

سأله أنيس مستغربا: "مليون دولار أمريكي!! أي كم ورقة عليها صورة بنجامين فرانكلين؟"

أجاب الصبي: "عشرة آلاف ورقة عليها صورة عمك بنجامين فرانكلين، أو عشرين ألف ورقة عليها صورة عمك غرانت، أو مئة ألف ورقة عليها صورة عمك هاميلتون."

سأله أنيس دون تفكير: "وكم ورقة عليها صورة واشنطن؟"

رد الصبي مستهزءا: "حفظك الله ورعاك، أنت جيد جدا في الرياضيات."

قال أنيس متحمسا: "كف عن التحاذق وأعطني تذكرة، إليك ألفي ليرة لبنانية."

قال الصبي: "ماذا! ألفي ليرة؟ أريد ثلاثة آلاف ليرة، أؤكد لك أنها ستكون التذكرة الرابحة."

وبهذا يكون أنيس قد اشترى تذكرة اليانصيب وعاد إلى بيته عند زوجته كلودين دون النظر في التذكرة والتحقق من تاريخ السحب.

عندما وصل إلى المنزل، أخبر زوجته عن التذكرة وطلب منها أن تصلي وتدعو ليل نهار ليفوزا بالجائزة الكبرى ويحصلا على المليون دولار، وهو مبلغ لم يحلما به أبدا، فإن حصلا عليه سيتركان القرية الصغيرة والزراعة وتربية المواشي، وسيرحلان إلى بيروت ويعيشا في المدينة.

ثم بدأ أنيس في التخطيط لما سيفعله قبل موعد السحب والفوز بالجائزة. أصبح يتحدث إلى نفسه ويفكر بأفكار غريبة عجيبة ويقول بصوت عال:

"أريد شراء سيارة جديدة وملابس أو حتى فتح محل لبيع الملابس، وشراء شقة في العاصمة، وشراء المجوهرات والساعات. أريد التخلص من الدجاج، والأبقار، والزراعة، وأريد أن أؤسس شركة، وبعد ذلك سيصبح المليون عشرة ملايين، أريد أن أترك زوجتي وأتزوج عارضة أزياء رائعة." حلم أنيس وتحدث بصوت عال.

سألت كلودين: "هل تريد أن تتركني وتتزوج عارضة أزياء أجنبية؟ لا مانع لدي، لكن هل هذه التذكرة شرعية؟"

"لم أفهم قصدك! ما الذي تتحدثين عنه؟ ماذا تقصدين بشرعية؟"

أوضحت كلودين قائلة: "سأشرح لك قصدي، هذه التذكرة خاصة بسحب الأسبوع الماضي، أي أنها قديمة"

قال أنيس: "ماذا؟! أخذ الصبي ألف ليرة إضافية وأقنعني أنها ستربح عشرة آلاف ورقة عليها صورة فرانكلين."

تابع أنيس حديثه: "ما يحزنني هو أن طفلا في العاشرة من عمره خدعني."

خطط أنيس قائلا: "أعرف ماذا سأفعل، سأبيع التذكرة لمارلين. مارلين ليست على دراية باليانصيب، سأبيعها التذكرة بألفي ليرة لبنانية وأخسر ألف ليرة لبنانية، هكذا سأتمكن من استعادة ثلثي سعرها."

توسلت إليه كلودين قائلة: "لا تفعل ذلك! إنهم جيراننا وأصدقائنا منذ عشرين عاما."

في اليوم التالي، وقبل أن يصيح الديك، استيقظ أنيس واستعد لتنفيذ خطته الذكية التي فكر بها الليلة السابقة.

شرب قهوة الصباح كعادته وانتظر أن يغادر جورج المنزل لتكون مارلين في المنزل وحدها. عندما غادر جورج، طرق باب جيرانه، وفتحت مارلين الباب.

قالت مارلين بابتسامة قسرية: "صباح الخير يا جارنا، أستاذ أنيس."

"صباح الخير، سيدة مارلين، أين جورج؟ لا تقولي أنه ذهب مبكرا إلى العمل."

ردت مارلين قائلة: "نعم، لقد غادر منذ خمس دقائق. لو أنك أتيت مبكرا لشربنا القهوة معا."

قال أنيس: "لا مشكلة، شربت القهوة في المنزل. أردت أن أعطي هذه التذكرة لجورج. أعرف أنه يشتري تذاكر اليانصيب، وأشعر أن هذه التذكرة ستفوز. لهذا السبب اشتريت له هذه التذكرة."

سألت: "يا إلهي، إنه يشتري تذاكر اليانصيب منذ عشرين عاما، ولم يفز أبدا. كم ثمنها؟"

أجاب أنيس بابتسامة: "ألفان يا جارتي، ربما سيربح هذه المرة. لا أحد يعرف."

قالت مارلين: "لو أن السماء ستمطر لرأينا الغيوم."

عاد جورج إلى المنزل متعبا بعد يوم طويل وشاق تحت أشعة شمس شهر آب الحارقة بالمزرعة وحراثة الأرض.

قال بصوت متعب: "مساء الخير يا زوجتي."

ردت قائلة: "مساء الخير يا زوجي، كيف كان يومك؟"

قال جورج: ″جيد ولكنه مرهق وطويل. تحتاج الأرض إلى عمل كثير، وأسعار المعدات والمبيدات أصبحت باهظة الثمن. حركة السوق ضعيفة ولا يوجد إقبال على الفواكه والخضراوات كما الفترات السابقة.″

قالت مارلين: ″أعلم أن الوضع الاقتصادي صعب للغاية، والمشاكل لا تنتهي. ابنتك تريد سيارة، وابنك يريد أن يمتلك شقته الخاصة ويتزوج خطيبته، أعرف أنك تفعل كل ما بوسعك لأجل العائلة. لذلك أعدك بأني لن أزعجك أبدا بشأن تذاكر اليانصيب، ولهذا اشتريت لك تذكرة.″

ابتسم جورج وسأل مارلين: ″من أين اشتريت التذكرة يا مارلين؟″

أجابت مارلين: ″من جارنا أنيس. أتى صباحا وكان يود أن يشرب معك القهوة ولم يجدك، فأعطاني هذه التذكرة واشتريتها منه بألفي ليرة لبنانية.″

قال جورج: ″إذا هل جاري أصبح يحبني الآن؟ أمر عجيب! لقد كان يفكر في طرق كثيرة ليأخذ مني ليرة أو اثنتين طوال حياته.″

قال جورج: ″حسنا، أرني التذكرة ودعيني أتحقق من أرقامها.″

قالت مارلين: ″سأحضر التذكرة من غرفة النوم، أخبرني جارنا أن لديه شعورا بأن هذه التذكرة ستفوز بالجائزة الكبرى، عشرة آلاف ورقة عليها صورة فرانكلين.″

عندما أخذ جورج التذكرة من مارلين وفحص موعد السحب، ضحك وقال: ″هاهاها! لا أصدق هذا يا أنيس!″

تابع قائلا: إنها تذكرة قديمة، وموعد سحب هذه التذكرة كان قبل أسبوع.″

ردت مارلين بغضب: ″كيف يمكنه أن يفعل هذا بنا؟ لماذا خدعنا؟ لم الكذب؟″

أجاب جورج: ″نحن نعرف جارنا أنيس منذ عشرين عاما. لماذا أنت متفاجئة؟″

ذهبت مارلين إلى غرفتها غاضبة وأبدلت ملابسها.

سألها جورج ضاحكا: ″إلى أين أنت ذاهبة سيدة مارلين؟″

أجابت مارلين: ″ذاهبة إلى منزل جيراننا. أريد أن أعيد له التذكرة وأتعارك مع أنيس.″

أجاب جورج وهو لا يزال يضحك: "هذا ليس بالأمر الكبير يا مارلين. إن ألفي ليرة لبنانية لا تستحق كل هذا الخلاف مع جيراننا. كما أنه ربما لم يعد إلى المنزل بعد، وكلودين وحدها، وليس لها علاقة بالأمر. أنا متأكد من أنها طلبت منه ألا يفعل ما فعله، لكنه بالتأكيد لم يهتم لكلامها."

قالت مارلين: "ماذا تقصد؟ أنلتزم الصمت بشأن ما فعله السيد أنيس ونجعله يسخر منا؟"

أجاب جورج: "أجل، لا خلاف على ذلك. يقول المثل القديم: "لا تكرهوا شيئا، لعله خير لكم.""

تابع جورج قائلا: "سأذهب إلى منزل تامر صباح الغد وأعطيه الأرقام الموجودة على التذكرة، وسأطلب منه أن يتحقق من أرقام سحب الأسبوع الماضي. ربما تكون هذه التذكرة رابحة، لا أحد يعلم."

ردت مارلين قائلة: "مضى عشرون عاما وأنت تشتري هذه التذاكر ولم تربح ليرة واحدة. أتعتقد بأنك ستربح هذه التذكرة التي اشتريناها من أسوأ شخص نعرفه؟"

ثم ذهب جورج إلى غرفة نومه لينام مبكرا ويستيقظ في الصباح الباكر ويذهب إلى تامر.

"تصبحين على خير يا زوجتي."

"تصبح على خير يا جورج."

في صباح اليوم التالي، استيقظ جورج مبكرا، وذهب إلى المطبخ ليحضر قهوته الصباحية، وفتح المذياع القديم الذي اشتراه منذ سنوات عديدة حتى بات لا يتذكر من أين اشتراه. بدأ يومه بالاستماع إلى أغاني أشهر مطربة في تاريخ لبنان، الأسطورة فيروز، وأنغام موسيقى الأخوين الرحباني.

بعد أن أعد القهوة ووجبة الإفطار، أيقظ زوجته.

"استيقظي يا مارلين لنبدأ يومنا مبكرا. لقد أعددت القهوة والفطور، وأنا في انتظارك لنتناول الطعام معا."

بعد أن استيقظت مارلين، احتسا القهوة وأكلا الفطور، وقالت مارلين لزوجها: "لا تتأخر يا جورج لتلحق بتامر قبل أن يذهب إلى بيروت، ولا تنس

أن تذكره بأن يخبر العامل الذي يعمل في مكتبة أحمد بأن يتحقق من أرقام سحب الأسبوع الماضي وليس سحب الأمس."

في السادسة صباحا، وصل جورج إلى منزل تامر، وطرق الباب وانتظر السيد تامرا ليفتح له الباب.

"صباح الخير يا تامر."

أجاب تامر: "صباح الخير يا صديقي."

قال تامر: "بالأمس، كان هناك سحب تذاكر اليانصيب، وأنا متأكد من أنك أتيت إلي كعادتك لتعطيني أرقام التذكرة لأتحقق مما إذا كانت الرابحة."

أجاب جورج: "هذا صحيح يا تامر، كالعادة سأراك بعد الظهر." ونسي جورج أن يطلب منه التحقق من أرقام سحب تذاكر الأسبوع الماضي.

في عصر اليوم نفسه، عاد تامر من المدينة ورأى أنيسا وقال له: "هنيء جارك جورج فهو ينتظر هذا اليوم منذ عشرين عاما."

أجاب أنيس: "أبارك له على ماذا؟ لم أفهم."

قال تامر: "على تذكرة اليانصيب."

قال أنيس والغصة في قلبه: "لماذا؟ هل فاز بالجائزة الكبرى؟ المليون دولار؟!"

أجاب تامر: لا، ليس المليون دولار، ربح خمسين ألف دولار أمريكي، الجائزة الثانية."

ثم ركض أنيس إلى منزل جورج بأقصى سرعته ليصل قبل أن يخبر أحد جورج بالأمر وقبل أن يعرف أنه ربح للتو خمسين ألف دولار أمريكي. وعندما وصل إلى منزل جورج فإذ بابنة جورج ماري تفتح له الباب.

"مرحبا أيها العم أنيس."

"مرحبا ماري. كيف حالك؟"

"أنا بخير، وأنت؟"

رد جورج باستعجال: "بخير، بخير، لكني في عجلة من أمري. سأذهب أنا
وكلودين إلى بيروت لمدة أسبوع أو أكثر، وجئت أسلم عليكم. هل أمك وأبيك
بالمنزل؟"

أجابت: "إنهما في المطبخ. تفضل."

فذهب أنيس إلى المطبخ راكضا بسرعة أكبر من سرعة الغزلان.

قالت مارلين: "ما خطبك يا أنيس، ماذا حدث؟"

قال أنيس: "جئت لأصحح خطئي، وأنا نادم على ما فعلته."

قال جورج متظاهرا بأنه لا يعرف شيئا: "ما الذي تتحدث عنه يا أنيس؟"

قال الماكر أنيس: "أريد أن أعترف لكما، بالأمس جئت وبعت مارلين تذكرة
يانصيب قديمة. كان سحبها الأسبوع الماضي ومنذ الأمس وأنا نادم وحزين.
وأريد أن أصحح فعلتي، أريد أن أسترد التذكرة من فضلكما."

رد جورج قائلا: "لا مشكلة، سامحتك، هذا خطأ وارد، وأنا لست غاضبا
منك."

رد أنيس: "لا، لن أقبل بهذا. لم أنم الليلة الماضية ولم أستطع أن أغمض
عيني. طوال الليل وأنا أفكر وأقول في نفسي، كيف فعلت هذا مع صديق
عمري؟"

انضمت مارلين إلى المحادثة قائلة: "لا عليك، أنت جارنا وصديقنا منذ
عشرين عاما، لن نغضب منك مقابل ألفي ليرة لبنانية."

وأضاف جورج: "حسنا، لكني لا أريد أن أبيعها إلا بسعر أعلى."

رد أنيس بسرعة: "سأدفع لك عشرة آلاف ليرة لبنانية."

قال جورج: "عشرون ألفا وسأقبل، فقط لأنك جاري."

فقال أنيس: "أوافق على طلبك يا جاري، سأشتري نوم الليالي الذي لم أعد
أنمه بعشرين ألف."

ثم أخذ أنيس التذكرة الرابحة من جورج، وركض إلى المنزل وحزم الحقائب
وأبلغ زوجته كلودين أنه عليهما مغادرة القرية بسرعة لمدة أسبوع،
سيذهبان إلى المدينة وسيقيمان في فندق ما. عندما سألته كلودين عن

السبب، أجاب أنيس: "لأنني أنيس بن أنيس فاخوري، أذكى رجل في قرية أرغيلة... بل في كل لبنان، وحتى في بلاد الشام."

وبالفعل دون أن تطرح كلودين أي أسئلة إضافية، أعدت ما يحتاجان إليه لمدة أسبوع. في غضون ساعة أعدت كل شيء. ذهبا إلى محطة الحافلات ليستقلا أول رحلة إلى بيروت قبل أن يكتشف جورج أو أي شخص آخر في القرية أن تذكرة اليانصيب التي انتظرها جورج طويلا أصبحت الآن مع أنيس بفضل ذكائه ودهائه.

في الوقت نفسه، وصل تامر إلى المنزل وأخبر زوجته جميلة بما حدث اليوم وكيف فاز جورج ومارلين بالجائزة الثانية من تذاكر اليانصيب. أصرت جميلة على ألا يذهب تامر لوحده إلى منزل جورج ومارلين. أرادت أن تكون الشخص الذي ينقل الأخبار الرائعة إلى صديقة طفولتها، مارلين. لولا تأجيل تامر وإصرار جميلة على الذهاب معه لوصل إلى منزل جورج قبل أنيس. ولعرف وقتها جورج أن التذكرة التي معه هي الرابحة بالجائزة الثانية.

صاح تامر: "هيا يا جميلة تأخرنا عن موعدنا بالذهاب إلى منزل جورج ومارلين، سيناما قريبا."

ردت جميلة قائلة: "أحتاج خمس دقائق أخرى وسأكون جاهزة."

قال تامر: "أخبرتني بأنك تحتاجين إلى خمس دقائق قبل ساعتين يا جميلة. ما خطبك، هل نحن ذاهبان إلى حفل زفاف؟!"

قالت جميلة أثناء محاولتها اختيار فستان لارتدائه: "قلت لك خمس دقائق. لا يمكنني الذهاب إلى مارلين هكذا. ألا تعلم أننا تنافسنا خلال أيام المدرسة على لقب أجمل فتاة؟"

بعد ساعات من التأخير، وصل تامر وزوجته إلى منزل جورج ومارلين، وبعد استقبالهم جرت المحادثة التالية:

قال تامر: "لدي أخبار سارة يا جورج."

قاطعته جميلة قائلة: "لا يا تامر، أريد أنا أن أخبرهم الخبر السار."

تابعت جميلة وقالت: "أنتما الاثنان أكثر الناس استحقاقا، ويسعدني أن أخبركما أن تذكرة اليانصيب التي بحوزتكما ربحت خمسين ألف دولار أمريكي، ولا أحد في القرية يعرف غيري أنا وتامر."

وأضاف تامر: "وجارك وصديقك أنيس. رأيته عندما وصلت إلى القرية وأخبرته."

فتفاجأ جورج ومارلين. وتغيرت ملامح وجهيهما، ولاحظ الضيوف أن هناك شيئا ما. التذكرة ليست بحوزة جورج، فغادرا منزل جورج ومارلين بعد مرور خمس دقائق بحجة ضرورة النوم مبكرا وشعور تامر بالإرهاق، دون إضافة أي أسئلة أو فتح محادثات إضافية حول هذا الموضوع أو أي شيء آخر.

وصل أنيس وكلودين بيروت في أفخم وأعرق الفنادق في المدينة. حجز السيد أنيس غرفة كبيرة باهظة الثمن لمدة ستة ليال وأخرج من جيبه كل الأموال التي كان يدخرها لسنوات من مبيعات المنتجات الزراعية. أمضى ليلة طويلة مع زوجته والتي بدأها بعشاء فاخر في مطعم معروف بالمدينة، ثم استجما في غرفة البخار والجاكوزي في الفندق، وأخيرا قضى ليلة طويلة مليئة بالحب مع زوجته.

في اليوم التالي، استيقظ الزوجان في وقت متأخر وقررا الذهاب إلى مركز تذاكر اليانصيب الرسمي الموجود في بيروت لاستلام الجائزة. ركبا سيارة أجرة، وذهبا إلى الشركة وقدما أنفسهما بأنهما الفائزين بالجائزة الثانية.

قالت موظفة الشركة: "معذرة منك يا سيدي، هناك خطأ في الأرقام أو التواريخ."

رد أنيس وهو على وشك أن يصاب بأزمة قلبية: "لم أفهم، ماذا تقصدين بأن هناك خطأ ما؟"

قالت الموظفة: هذه أرقام رابحة ولكنها أرقام تذكرة السحب الماضي وحسب أرقام سحب اليوم لم تربح أي ليرة.

ثم عاد أنيس وزوجته إلى القرية بعد أن عرف جميع سكان القرية ما فعله السيد أنيس بجاره وصديقه، ومضى أسبوع دون أن يتكلم أو يسلم أحد على أنيس. شعر أنيس بالوحدة والندم.

بعد بضعة أشهر، ساءت حالة أنيس النفسية، فاجتمع رجال القرية وطلبوا من جورج أن يسامحه، فوافق على اللقاء وعاتبه لتصفى قلوبهما.

في الليالي الأخيرة من ذلك الصيف، التقى جورج وأنيس بحضور رجال القرية. ذكر جورج أنيسا بالمثل العربي الذي يقول: "من حفر حفرة لأخيه وقع فيها." ثم تعانقا ونسيا ما حدث وعاشا حياة سعيدة مجددا.

Comprehension Questions

1. أَيْنَ يَعيشُ جورْجُ وَعائِلَتُهُ؟
2. ما هِيَ عادَةُ جورْجَ الَّتي لا تُعْجِبُ زَوْجَتَهُ؟
3. كَيْفَ كانَتْ حَياةُ أَهْلِ القَرْيَةِ؟
4. ما هوَ العَمَلُ الرَّئيسُ لِأَهْلِ القَرْيَةِ؟
5. مَنْ كانَ جارُ جورْجَ وَما هِيَ مُشْكِلَتُهُ؟
6. كَيْفَ باعَ أَنيسٌ تَذْكِرَةَ اليانَصيبِ لِمارْلين؟
7. لِماذا أَرادَ أَنيسٌ اسْتِرْجاعَ التَّذْكِرَةِ؟
8. ماذا فَعَلَ جورْجُ عِنْدَما عَرَفَ أَنَّ التَّذْكِرَةَ قَديمَةٌ؟
9. كَمْ كانَ ثَمَنُ التَّذْكِرَةِ الَّتي باعَها جورْجُ لِأَنيسٍ؟
10. إِلى أَيْنَ ذَهَبَ أَنيسٌ وَكْلودينُ؟
11. ماذا حَدَثَ عِنْدَ مَرْكَزِ اليانَصيبِ؟
12. لِماذا لَمْ يَرْبَحْ أَنيسٌ بِالتَّذْكِرَةِ؟
13. ماذا حَدَثَ لِأَنيسٍ بَعْدَ عَوْدَتِهِ إِلى القَرْيَةِ؟
14. كَيْفَ تَصالَحَ جورْجُ وَأَنيسٌ؟
15. ما هِيَ النَّتيجَةُ النِّهائِيَّةُ لِلْقِصَّةِ؟
16. مَنْ كانَ تامِرٌ وَما دَوْرُهُ في القِصَّةِ؟
17. لِماذا تَأَخَّرَ تامِرٌ في إِخْبارِ جورْجَ عَنِ الجائِزَةِ؟
18. ما كانَ مَوْقِفُ كْلودينَ مِنْ تَصَرُّفاتِ زَوْجِها؟
19. كَمْ كانَتْ قيمَةُ الجائِزَةِ الثّانِيَةِ؟
20. ما هُوَ المَثَلُ العَرَبِيُّ الَّذي قالَهُ جورْجُ لِأَنيسٍ؟

1. Where do George and his family live?
2. What habit of George's doesn't his wife like?
3. What was village life like?
4. What was the main occupation of the villagers?
5. Who was George's neighbor and what was his problem?
6. How did Anis sell the lottery ticket to Marilyn?
7. Why did Anis want to buy the ticket back?
8. What did George do when he learned the ticket was old?
9. How much did George sell the ticket to Anis for?
10. Where did Anis and Claudine go?
11. What happened at the lottery center?
12. Why didn't Anis win with the ticket?
13. What happened to Anis after returning to the village?
14. How did George and Anis reconcile?
15. What was the final outcome of the story?
16. Who was Tamer and what was his role in the story?
17. Why was Tamer delayed in telling George about the prize?
18. What was Claudine's position on her husband's actions?
19. How much was the second prize worth?
20. What Arabic proverb did George tell Anis?

Answers to the Comprehension Questions

1. يَعيشونَ في قَرْيَةٍ صَغيرَةٍ تُسَمّى أَرْغيلَةَ في لُبْنانَ.
2. شِراءُ تَذاكِرِ اليانَصيبِ مُنْذُ عِشْرينَ عامًا.
3. حَياةٌ بَسيطَةٌ بَعيدَةٌ عَنِ المَدينَةِ وَضَجيجِها.
4. الزِّراعَةُ وَتَرْبِيَةُ المَواشي.
5. جارُهُ أَنيسٌ، وَمُشْكِلَتُهُ أَنَّهُ يَغارُ مِنْ جورْج وَيُقَلِّدُهُ في كُلِّ شَيْءٍ.
6. قالَ لِمارْلينَ أَنَّ لَدَيْهِ شُعورًا بِأَنَّها سَتَرْبَحُ.
7. لِأَنَّهُ عَرَفَ أَنَّها رابِحَةٌ وَأَرادَ اسْتِعادَتَها.
8. ضَحِكَ وَلَمْ يَغْضَبْ وَباعَها لِأَنيسٍ بِعِشْرينَ أَلْفًا.
9. عِشْرونَ أَلْفَ ليرَةٍ لُبْنانِيَّةٍ.
10. ذَهَبا إِلى بَيْروتَ وَأَقاما في أَفْخَمِ فُنْدُقٍ.
11. أَخْبَروهُما أَنَّ التَّذْكِرَةَ تَخُصُّ السَّحْبَ السّابِقَ وَغَيْرُ رابِحَةٍ.
12. لِأَنَّ أَرْقامَ السَّحْبِ السّابِقِ كانَتْ مُخْتَلِفَةً.
13. قاطَعَهُ النّاسُ وَأَصْبَحَ وَحيدًا.
14. طَلَبَ رِجالُ القَرْيَةِ مِنْ جورْجَ أَنْ يُسامِحَهُ.
15. تَصالَحا وَعادا يَتَحَدَّثانِ مَعَ بَعْضِهِما مِنْ جَديدٍ.
16. كانَ الوَحيدَ الَّذي يَمْلِكُ سَيّارَةً في القَرْيَةِ وَيَتَحَقَّقُ مِنْ نَتائِجِ اليانَصيبِ.
17. لِأَنَّ زَوْجَتَهُ جَميلَةَ أَرادَتِ الذَّهابَ مَعَهُ.
18. لَمْ تُوافِقْ عَلى تَصَرُّفاتِهِ وَحاوَلَتْ مَنْعَهُ.
19. خَمْسونَ أَلْفَ دولارٍ أَمْريكِيٍّ.
20. "مَنْ حَفَرَ حُفْرَةً لِأَخيهِ وَقَعَ فيها."

1. They live in a small Lebanese village called Arghila.
2. He has been buying lottery tickets for twenty years.
3. It was a simple life far from the city and its noise.
4. They worked in farming and raising livestock.
5. His neighbor was Anis, whose problem was that he envied George and imitated everything he did.
6. He told Marilyn he had a feeling the ticket would win.
7. Because he learned it was a winner and wanted to get it back.
8. He laughed, wasn't angry, and sold it to Anis for twenty thousand.
9. Twenty thousand Lebanese lira.
10. They went to Beirut and stayed in the most expensive hotel.
11. They were told the ticket was for the previous draw and wasn't a winner.
12. Because the previous draw's numbers were different.
13. People stopped talking to him and he became isolated.
14. The village men asked George to forgive him.
15. They reconciled and started talking to each other again.
16. He was the only one with a car in the village and checked lottery results.
17. Because his wife Jameela wanted to go with him.
18. She didn't approve of his actions and tried to stop him.
19. Fifty thousand US dollars.
20. "Whoever digs a pit for his brother falls into it."

Summary

Read the scrambled summary of the story below. Write the correct number (1–10) in the blank next to each event to show the proper sequence.

___ باعَ جارُهُ أنيسٌ تَذْكِرَةً قَديمَةً لِمارْلينَ.

___ يَعيشُ جورْجُ وَعائِلَتُهُ في قَرْيَةٍ صَغيرَةٍ في لُبْنانَ تُسَمّى أَرْغيلَةَ.

___ اِكْتَشَفَ أنيسٌ أَنَّ التَّذْكِرَةَ غَيْرُ رابِحَةٍ.

___ عادَ إلى القَرْيَةِ وَقاطَعَهُ الجَميعُ.

___ طَلَبَ رِجالُ القَرْيَةِ مِنْ جورْجَ أَنْ يُسامِحَهُ.

___ باعَ جورْجُ التَّذْكِرَةَ لِأَنيسٍ بِعِشْرينَ أَلْفًا.

___ تَصالَحا وَعادا يَتَحَدَّثانِ مِنْ جَديدٍ.

___ ظَلَّ يَشْتَري تَذاكِرَ اليانَصيبِ لِمُدَّةِ عِشْرينَ عامًا دونَ أَنْ يَرْبَحَ.

___ ذَهَبَ أنيسٌ وَكْلودينُ إلى بَيْروتَ.

___ عادَ أنيسٌ لِشِراءِ التَّذْكِرَةِ بَعْدَ أَنْ عَرَفَ أَنَّها رابِحَةٌ.

KEY TO THE SUMMARY

3 His neighbor Anis sold an old ticket to Marilyn.

1 George and his family live in a small Lebanese village called Arghila.

7 Anis discovered the ticket was not a winner.

8 He returned to the village and everyone shunned him.

9 The village men asked George to forgive him.

5 George sold the ticket to Anis for twenty thousand.

10 They reconciled and started speaking to each other again.

2 He has been buying lottery tickets for twenty years without winning.

6 Anis and Claudine went to Beirut.

4 Anis returned to buy back the ticket after learning it was a winner.

MODERN STANDARD ARABIC READERS SERIES

www.lingualism.com/msar

www.ingramcontent.com/pod-product-compliance
Lightning Source LLC
Chambersburg PA
CBHW072053040426
42447CB00012BB/3112
9781949650815